编委会

殷晓俊 石 雨 杨钏玉 杨婉芝
杨荣选 廖常雪 叶宝莲 张 健

云南师范大学学术精品文库
云南省哲学社会科学规划科普项目《醉美缅甸——你不知道的缅甸之美》（立项编号：SKPJ2023011）
云南省哲学社会科学规划重大项目《云南加强面向南亚东南亚和环印度洋地区文化辐射力研究》（立项编号：ZDZB202209）
国家社科基金一般项目"中国对南亚的国际传播战略研究"（编号：22BXW025）
云南师范大学"联大"优秀科研创新团队"南亚东南亚国际舆情研究"

陈晓颖　夏寅舒 / 著

云南人民出版社

图书在版编目（CIP）数据

醉美缅甸 / 陈晓颖，夏寅舒著. -- 昆明 : 云南人民出版社, 2025. 3. -- ISBN 978-7-222-23089-7

Ⅰ. K933.7-64

中国国家版本馆CIP数据核字第2024NT5924号

责任编辑　柳云龙
装帧设计　石　斌
责任校对　柴　锐
责任印制　代隆参

陈晓颖　夏寅舒◎著

出　版	云南人民出版社
发　行	云南人民出版社
社　址	昆明市环城西路609号
邮　编	650034
网　址	www.ynpph.com.cn
E-mail	ynrms@sina.com
开　本	889mm×1194mm　1/16
印　张	14
字　数	200千
版　次	2025年3月第1版
印　次	2025年3月第1次印刷
印　刷	雅艺云印（成都）科技有限公司
书　号	ISBN 978-7-222-23089-7
定　价	160.00元

云南人民出版社
微信公众号

引 言

长久以来，缅甸给我国很多民众的固有印象，大抵是政治的风云变幻、战火的动荡纷飞，再加上近几年国内媒体关于"诈骗集团"的宣传，这块"亚洲金地"的宁谧、美好一直被忽视和遮盖。本书通过对缅甸佛国风光、秀丽风景、节日庆典、民族特色、民众风貌等地呈现，带读者身临其境，再现缅甸之美，也期待缅甸早日恢复以往之美。

目录

伊江！ // 1
仰光：佛光照耀的"和平城" // 9
缅甸"饭锅"——勃固 // 37
低调要道——卑谬 // 47
千年佛塔之都——蒲甘 // 55
英国人的避暑山庄——眉苗 // 83
掸邦高原上的明珠——茵莱湖 // 95
东枝掠影 // 115
曼德勒——古老的"多宝之城" // 121
中部集散地——实皆 // 143
容易错过的小镇——昔卜 // 157
鲜少开放的若开邦 // 167
缅北重镇——腊戍 // 189
在首都，说再见 // 201
回望缅人 // 209
后记：结缘十载，再回首 // 214

伊江！

从日出到日落，伊洛瓦底江见证了缅甸千百年的晨曦与黄昏。夕阳的余晖洒在江面上，波光粼粼，仿佛整个世界都在这一刻沉寂。这条古老绵亘的大河，就是缅甸的母亲河——伊洛瓦底江。它的上游是中国的独龙江，纵贯缅甸南北，哺育了境内60%以上的人口。"我住江之头，君住江之尾。彼此情无限，共饮一江水。"

伊江！

　　伊洛瓦底江是缅甸国内主要运输动脉，同时也是中缅贸易交通枢纽之一。来往的船只和车辆穿梭在这条重要的通道上，承载着人们的日常生活与商业交流。桥下是川流不息的江水，桥上是缅甸人民生生不息的生活印记。

　　伊江的岸边,一座庄严的寺庙——达比纽寺/卜帕耶寺,静静地守望着来往的船只和行人。这里是信仰的寄托,也是旅人歇脚的地方。

　　传统的木质渔船与现代用于工商的船只并存。渔民们使用着祖辈传承下来的方式捕鱼,而现代的运输船则肩负着货物往来的重要责任。两岸的自然风光令人神往,河流在中游地区形成了众多的汊流、曲流,河中沙洲特别发育,为这片土地增添了更多的生态多样性。

仰光：
佛光照耀的"和平城"

仰光全景

缅语中,"仰光"的字面意思是"战争结束"。

俯瞰仰光,伊洛瓦底江三角洲富饶美丽,随处可见100多年前英国殖民时期的建筑。

这里是缅甸经济、文化中心和交通枢纽,是耀眼而沧桑、喧嚣而温和的前首都。

仰光大金塔

没有到过大金塔,等于没有来过仰光。

热带阳光下,大金塔闪耀着炫目却安宁的光辉。

塔尖镶嵌了上万颗钻石、宝石,塔身黏附54吨黄金。

有的游客竟然会问:"没有人偷这些珠宝么?"

这里可是缅甸人信仰的坐标,是一生一定要去的朝圣之地。

和晚风一起抵达的，是晚饭后穿戴恭敬、虔诚拜佛的人们。

大金塔的角角落落被打扫得一尘不染，所有踏足其中的人都必须赤脚而行。

塔周的金银铃铛随风作响，净化的心灵会让你忘却炎热。

　　身着"隆基"盛装的妇女,以庄严虔诚的姿态,双手紧合于胸前,展开一场心灵与佛的深切对话。

仰光老码头

仰光港,是缅甸最大的港口,在缅甸的国际贸易中扮演着重要角色。万吨级海轮可候潮入港。

当太阳收敛起灼人的光线,码头开始热闹起来,当地人喜欢在傍晚出来工作。

喜欢人文摄影的旅人不会错过老码头，静止的、运动的，都是平和的、干净的、美丽的。

圣玛丽大教堂

若想体验百年前的欧洲风情,不妨去探访仰光的圣玛丽大教堂。这座新哥特式建筑始建于1895年,作为缅甸最大的天主教堂,它在佛寺林立的国度中独树一帜,用独具特色的风格彰显了历史与文化的交融。

教堂的砖瓦承载着深邃的过往,

行经侧面,历史的回声仿佛在耳畔回响。

砖红的墙壁岁月痕迹斑驳,裂纹与剥落见证着时光的变迁。

　　高耸的穹顶赋予这座圣殿庄严与雅致的双重魅力，五彩斑斓的画面，给人十足的视觉震撼。

仰光市容市貌

随处可见的殖民遗痕的建筑,街道上人们来来往往、车辆川流不息,热闹和闲适交织。

仰光:佛光照耀的"和平城"

　　喷泉的对面，是市政府大楼，洁白庄严的建筑和现代化大楼交相辉映，耀眼夺目的金塔和绿波微漾的湖水相映成趣。

仰光四季常青,城中有水,水中有城。高大的棕榈树、路边波光粼粼的湖泊以及跳跃的树影构成了缅甸独特的热带风光。

仰光街头巷尾

　　霉迹斑斑的楼房,像一套过时老旧的华丽大衣。空中缠绕的电线、街头卖鱼粉杂货的摊贩、阳台上挂晒的衣服,都是这座城市的脉搏。

时不时撞入眼帘的庙宇，赋予了城市独特的魅力。

缅甸人仿佛被时光遗忘在角落,永远不急不躁,不忧虑明天。

在仰光抓拍下的每一幕,都让人难以忘怀。她们发自内心的笑容、与镜头对视的瞬间都让城市鲜活起来。

头顶货物的缅甸商贩

头顶货物随处可见,不管什么物件,都能在缅甸人的头顶稳稳伫立。

昂山市场

　　市中心的昂山市场，是仰光最大最热闹的集市。珠宝玉石、漆器古董、生活用品、手工艺品、古玩收藏、礼品箱包等，琳琅满目，应有尽有。

色彩艳丽的缅装,在女子的针脚下成形、完工,是市场中亮眼的存在。无论着什么颜色,都觉得相宜不俗气。

卡拉威宫歌舞表演

卡拉威宫浮游在皇家湖上,有一个极具当地文化风格的水上餐厅,可欣赏缅甸艺术、品尝缅甸美食。

仰光：佛光照耀的"和平城"

大金石

重约611吨的大金石耸立在悬崖边上,漫长岁月里的地动山摇、风吹雨打都未曾让其滚落。据传里面藏有佛祖的头发,已有2500年之久。

根据当地传统,男性信徒可以近距离接近金石,为其表面贴上金箔。虔诚的信徒、摇曳的烛火、金光四射的巨石,为这里蒙上了一层神秘的面纱。

仰光:佛光照耀的"和平城"

大金石下,有一瀑布,自峭壁飞流直下,在底下聚成一池潭。树荫、激流、池潭造就的清凉,让这里成为当地人嬉戏、游玩的绝佳之地。

瀑布旁的村庄,炊烟袅袅、鸡犬相闻,是平平无奇的乡间景象,也是最抚人心的温软时光。

仰光火车站

　　仰光是缅甸的经济、文化和交通中心，仰光火车站不仅是连接缅甸各地的重要枢纽，还是一个可以体验缅甸人文风情的窗口。

仰光火车站是市民日常出行的重要枢纽,提供环城火车服务,人们会在车内售卖各类商品。相较于其他国家现代化、高效快捷的火车站,它更像是一个承载着当地人每一天的环城公交车,驶向远方,也驶向生活。

缅甸"饭锅"
——勃固

勃固旧皇宫

离开仰光向北，勃固是理想的第一站。

小城并不大，却曾是孟族王国的首都。

相传孟族王子在广阔湖面的小岛上，看到一只雌汉沙（神鸟）站在雄汉沙的背上，认为是祥瑞，遂建皇城于此。

勃固复建皇宫

古朴的雕塑、斑驳的壁画、静默的遗址，
都在无声地诉说着往昔的辉煌与沧桑。

复修宫殿，如同穿越时空的使者，
将历史的厚重与现代的装裱融合，在光影交错中
熠熠生辉。

皇宫内部,雕刻细腻,线条流畅。
金碧辉煌的宫殿,在夕阳的余晖中更显庄重与辉煌。
战火虽无情,却未能磨灭那份传承,
屹立不倒的残柱,见证着时代的更迭与变迁。

瑞摩都佛塔

瑞摩都佛塔，高 112 米，是缅甸最大的佛塔。
里面收藏了两颗佛牙，历经风雨多番倒塌、重建。
每年的佛塔节，这里最为热闹。
在缅甸，大家会把最珍贵的东西供奉给佛。

缅甸"饭锅"

得天独厚的缅甸,是被上天追着喂饭的孩子。早在2000多年前,缅甸先民就掌握了至今未过时的灌溉技术。南部三角洲是真正的天下粮仓,伊洛瓦底江省有"缅甸谷仓"的美誉,而勃固省则是缅甸第二大"饭锅"。

聚族而居,精耕细作,
缅甸至今保持着传统的农耕文明,
也孕育了内敛式自给自足的生活方式。
牛车在乡下随处可见,
坐着牛车行驶在颠簸的泥路中,
回归田园,重拾本真的内心被唤醒。

田间地头有随处可见的小摊贩,
路边卖西瓜的姑娘们,
平静温和,不紧不慢,
卖得少也罢,多也罢。
日落而息是自然规律。

低调要道
——卑谬

卑谬世界文化遗产遗址

伊洛瓦底江分出许多河流,江边的卑谬成了咽喉小镇。它曾是缅甸人的祖先——骠族的王都,《大唐西域记》中曾提到过它。有着辉煌过往的卑谬,如今是一个低调至极的城市。田野上,庄稼在生长,百姓在劳作,这片土地的故事仍在继续。

古城达耶其达亚代表了骠国的辉煌历史,于 2014 年被列入世界文化遗产名录。骠国文明淹没在时间长河里,而古城中的残垣断壁,还在述说着往日的灿烂。

卑谬悬崖佛像

水陆并举，几乎所有重要的道路都通往卑谬。海关曾设于此，昔日南来北往的商船顺着伊洛瓦底江途经此地，碰上枯水期便需停留等待。每每这时，船主就会在悬崖上建造佛像，以示虔诚和皈依。一座座佛像，于悬崖峭壁上俯瞰着伊洛瓦底江上来来往往的船只，守望着整座卑谬城。

伊洛瓦底江上，船只载着人们的生活，摇曳着驶向远方。人们路过悬崖之上的佛像时，汲取着信仰给予的力量。

瑞珊都佛塔

　　瑞珊都佛塔高113米，塔上可以俯瞰全城和伊洛瓦底江，是观赏卑谬美景的不可错过之地。

低调要道——卑谬

千年佛塔之都
——蒲甘

蒲甘

　　来到蒲甘，你无法不被震撼。时光隧道里，是怎样的一种力量，成就了蒲甘的伟大？

　　蒲甘，位于缅甸中部、伊洛瓦底江东岸，缅甸历史上最悠久的王朝就诞生在这里。

　　这里有 4000 多座寺院和佛塔，被誉为"万塔之城"

探索蒲甘，晨曦初露或是夕阳西下是最不容错过的时刻。佛塔的色彩在光影的交织下更加斑斓夺目，无须去土耳其，在蒲甘也能圆一个乘坐热气球的梦。当第一缕阳光穿透薄雾，你在天地之间，静静地聆听千万座佛塔的低语。

在江边的宁静景色中,古老的树木像守卫时间的哨兵,与佛塔一同静静地见证着岁月的流逝。

土红色与翠绿交织,红色的泥土砖块砌成的佛塔,宛如大地的调色盘,与周围绿葱葱的植被相互照应,构成一幅生动的画卷。

　　马车带领我们踏上一条横跨千年的历史之路，宛如穿梭时空，将我们的心灵，轻轻托付给那遥远而深邃的时光长廊。

　　全世界的游客都争先探访这个神秘的地方。

这些壁画为元军遗痕，呈现了当年元军攻打到蒲甘，在这里驻扎时的场景。

蒲甘吉祥岛

拍摄者于蒲甘就餐,不经意间瞥见隔水之洲,在向导的带领下,一探究竟。

脸涂缅甸特色"防晒霜"——"特纳卡"的"阿玛"(即小姑娘)划着一叶扁舟带着拍摄者渡至彼岸。

登岛后,牛车车尘飞扬,沿着黄土径徐徐前行。

蓝天中带着一缕晚霞,江面波澜不惊。

村民们悠然自得地在做自己的事情,小孩子们极有礼貌,看见陌生的长者也会前来鞠躬问好。

村落犹如一幅画卷，村民用双手耕耘生活日常，自给自足。

静谧的小岛上，牲畜们悠然自得地漫步，它们身躯清瘦，在翠绿的草坪上寻找大自然的馈赠。

原始森林里,人们栖于独特的高脚楼中,一来应对雨季的袭击,二来可以与牲畜和谐共处。

朴素的客厅里,仍有浪漫的点缀——刚采摘的鲜花。小朋友用最纯真的眼神看向我们。

在这片被遗忘的"世外桃源",他们陶醉在自己的生活旋律中。

波帕山死火山

波帕山，意为"花朵之山"，沉睡在蒲甘平原上。这座孤寂的死火山是由地底喷出的火山灰堆积而成，是缅甸版的奥林匹斯圣地。

想要一睹这佛寺的真容，朝圣者们须踏上一段神圣的旅程，攀登777级石阶，一步一步向心中的信仰靠近。

想象一下，当你站在波帕山的巅峰时，四周云雾缭绕，仿佛置身于另一个世界。

蒲甘漆器

探访蒲甘，若错过了底蕴深厚、历史悠久的漆艺工艺文化，那将是一场不完美的旅行。

蒲甘漆器不仅仅是日常生活用品，也是一件件讲述历史的"小广播"，它们是鲜活的蒲甘漆艺发展之旅的见证。

历经数百年，漆器工艺风格独特，在国际上也崭露头角。

　　如今,漆艺这一传统瑰宝也已成为蒲甘人的经济来源。

工匠们以双手为笔,将这一世代相传的艺术瑰宝,精心打磨,悉心呵护。

蒲甘宫廷木偶戏

　　木偶戏，也是旅行中的一大艺术盛宴。

　　作为缅甸的国戏，不仅是传统艺术的瑰宝，更是民族精神与文化记忆的载体。

　　早在 15 世纪，缅甸木偶戏就镶嵌在缅甸贵族的娱乐宝库之中，它编织着多元化的主题与情节，用一个个渺小的动作讲述着古老的传说。

　　提线木偶尤为引人入胜，一根根跳动的线仿佛在连接着过去与现在。

　　木偶戏从繁华的仰光，到古老的蒲甘，再到风情万种的曼德勒，都有它们跳动的脚步。

千年佛塔之都——蒲甘

英国人的避暑山庄
——眉苗

眉苗的英式建筑

英国人是懂得选好地方的。

乍一看,仿佛来到了一个欧洲小镇。

当19世纪末英国殖民者将铁路延伸到这个宁静的小山村,眉苗就成了他们的避暑山庄,成为办公的"夏日首都"。

眉苗地处掸邦高原西部海拔千米的边缘地带，地势高旷，气候凉爽，花木葱茏，风景秀丽，有"花都"之称。这里拥有缅甸历史悠久的最大植物园，培植有多种热带和亚热带植物，且土壤肥沃，有果园、茶园、桑园、橡胶园，还有美味的果酒，是绝佳的度假休闲地。

　　禽鸟戏水,鲜花竞绽,为眉苗增添了灵动的色彩。维多利亚式的田园花圃与缅式的民族风情相得益彰。

　　漫步眉苗,一步一移景,人在景中走,如在画中游。宜人的气候,美不胜收的景色,眉苗吸引着当地人和世界各地的游客前来打卡游览。

眉苗火车站

曼德勒—腊戍铁路穿过眉苗。轨道上，黄色的火车缓缓驶来，站台上，准备出行的人们等待已久。早在1914年，缅甸铁路网就已基本形成，此后变化不大，部分基础设施较为陈旧。乘坐缅甸的火车，会有一种穿越时光，回到"慢时代"的感觉。

英国人的避暑山庄——眉苗

火车是近距离感受缅甸人生活百态的空间,站台上、车厢内,构成了缅甸民众的众生相。

车厢像一个流动的小市场。火车上,人们交易大米、鲜花、百货,人声嘈杂、热闹非凡,每个人脸上都挂着笑意,人间烟火在此相逢。

猪牛羊等牲畜在车厢内有一席之地,各种气味混杂成独属的味道。人们搭乘着火车,去过自己踏实充足的小日子。

谷特高架桥

　　谷特高架桥是缅甸掸邦西部龙秋附近跨越谷文溪的铁路大桥，是连接彬乌伦和掸邦北部的主要城镇腊戍两镇之间的铁路线上的一座高架桥。谷特高架桥于1900年建成，建桥所需钢材由宾夕法尼亚钢铁公司制造，从美国装船运到缅甸。建成时曾是缅甸最高的桥梁，也是当时世界上最大的铁路桥梁，是缅甸历史和工程成就的象征。

沿途有茂密的森林、深邃的峡谷和潺潺溪流,十分壮观迷人。
想感受缅甸铁路历史之悠久,就来一次特别的火车旅行吧!

搭乘一辆老式内燃机火车,感受这个国家的"速度"。柚木材质老车厢上下颠簸像轿子,又像海盗船,有人还会被颠得跳起来立刻引来哄堂大笑。

英国人的避暑山庄——眉苗

掸邦高原上的明珠
——茵莱湖

茵莱湖全景

掸邦高原上的明珠——茵莱湖，三面环山，风光旖旎，景色异常秀丽，是缅甸第二大湖。

租船穿梭于茵莱湖中，只见湖水清澈见底，好似在画中游。不一会儿，摄影师殷晓俊老师落泪了，这位生于60年代的地道昆明人说道："我们的滇池，曾经和茵莱湖一样干净！"

单脚站立划桨的渔民

辽阔的湖面上,一叶扁舟驶来。渔民头戴草帽,穿着洁白的上衣和鲜亮的裤子,一脚站立船尾,一脚操纵船桨。他们是渔夫,也是艺术家。

水上耕作和种植

茵莱湖的河道普遍较窄,当地的船只呈细长状,在水中行驶灵巧而轻飘。

村民们与水和谐相处,发明了浮土栽种法,利用湖边的水草和泥土,在水上搭建起菜园和果园。

茵莱湖的居民是真正的水上人家，房子、寺庙都建在水上，湖上还漂浮着一片片"菜园浮岛"，这些浮岛可以随湖水的涨落而升降，也可以像船一样划来划去。马达声中，扁舟和鸥鹭一起逐水向前，芦苇指示着风的方向，茵莱湖柔软而清凉。

依水居住和生活的渔民

茵莱湖边散落着180多个村落。湖是他们生活的重点，依水而居、沿水而行、靠水而作，人们在水上行船捕鱼、洗衣沐浴、繁衍生息。

茵莱湖纺织

据说,一名佛教徒为表虔诚,用莲花梗的丝为佛像编织了一件袈裟,后来这种独特的面料被传播开来。每天清晨,心灵手巧的妇女就会去湖中采集莲花,取出莲花梗的细丝用手工编织、搓揉加工成线,制作成衣。不过因为莲花线产量少,一条围巾的价格都在100美元以上。

　　茵莱湖手工艺发达，除纺织外，还有银器制作、木雕、打铁、编织等，这些手工艺品不仅在当地市场售卖，也是游客们喜爱的纪念品。

长颈族

在茵莱湖上,还居住着一个特殊的族群——长颈族。长颈族的女性从幼时起就要在脖子上佩戴铜环,铜环的数量随着年龄的增长而增加,从而使得颈部尤为修长。在长颈族的观念里,长颈被认为是美丽和财富的象征。

旅游,已完全改变了她们的生活。

茵莱湖柚木寺庙

　　茵莱湖柚木寺庙完全由柚木建造，未使用一颗钉子，由榫卯技艺修建而成。缅甸储有大量被称为"万木之王"的柚木。柚木材质硬实，颜色美观大方，搭建出的建筑高贵典雅，随着时间的推移颜色会变深，更加美观。

茵莱湖柚木寺的僧人们过着平淡而美好的生活，每日念经诵佛，闲暇时光晒晒太阳、逗逗猫。他们身上袈裟的颜色和柚木寺出奇地和谐，让柚木寺多了一道独特的风景。

茵莱湖卡古佛塔林

卡古佛塔林位于缅甸掸邦首府东枝市南边,距离茵莱湖40公里,目前有2478座佛塔。

　　紧密排列的佛塔，无论从哪个方位看去都十分震撼，天空仿佛成了塔林的幕布，尽心尽力地展示着卡古佛塔林的美丽。

卡古佛塔林周边的当地人，她们或面带笑容，或神色平静。阳光穿过枝叶细碎地落在她们身上，一切都如此的美好。

茵莱湖茵汀村瑞茵汀佛塔

瑞茵汀佛塔是茵莱湖茵汀村重要的宗教建筑之一,由于岁月的侵蚀和战争的破坏,佛塔已不见曾经的容貌。残留的佛塔分布在茵汀村的山坡上,默默地守护着村民。

东枝掠影

在缅语里,东枝是"大山"的意思,因其东部的著名高山 Taung-chun 而得名。它是掸邦的首府,也是缅甸第四大城市。这座城市坐落在海拔1436米的高原之上,高山耸峙、群山环抱,气候凉爽宜人,因此被誉为缅甸的"春城"。

　　站在东枝的高处,映入眼帘的是连绵起伏的山脉,它们如同守护神一般屹立于天地之间。这些山峰巍峨挺拔,直插云霄,似乎想要触及天空的边际。山间云雾缭绕,给山峦增添了几分神秘与梦幻。山脚下,一片片绿意盎然的森林覆盖着大地,树木繁茂,郁郁葱葱,生机勃勃。

东枝掠影

　　阳光透过树梢，洒下斑驳陆离的光影，在这片郁郁葱葱的山区中跳跃舞动。

　　群山环抱之中，是一片和谐宁静的畜牧风光。一群群牛羊悠闲地在这片丰饶的土地上活动，它们或低头咀嚼草叶，或相互追逐，偶尔传来一两声悠扬的牛哞或羊咩声，构成了一曲淳朴的乐章。你闻，这人与自然和谐共生的美好气息！

曼德勒
——古老的"多宝之城"

曼德勒山

　　曼德勒是缅甸曼德勒省的省会，作为缅甸的第二大城市，它坐落于伊洛瓦底江中游东岸，海拔76米。它是缅甸的政治、经济和文化中心之一，也是华侨大量聚集的城市。曼德勒的名字来源于城内最高的山——曼德勒山。据传，佛陀乔达摩曾在此路过并预言，2400年后，这块广阔的土地将繁华昌盛。

乌本桥

乌本桥位于东塔曼湖上，全长1200米，宽约两米，共有桥柱1000多根，整座桥没有使用一颗铁钉，全靠斗榫。传说，恋人在其上并肩漫步至桥终点，此后必将共度永恒岁月。历经风雨洗礼，旅人慕名而来，寻觅历史的痕迹。

桥上承载着每日的通行，稳固如初，静默守护。

色泽渐成古朴的浅灰。

天空作幕，夕阳缓缓拉开。
长桥作底，行人往来穿梭。
日复一日，年复一年，
"情人桥"有多少个"迎来送往"？

曼德勒皇宫

缅甸曼德勒的宏伟皇宫始建于1859年,历时五年方告竣工。其规模宏大,宫殿众多,总计104座,风格上与中国的紫禁城有着异曲同工之妙,主色调采用金红交相辉映,彰显皇家气派。然而,命运多舛的皇宫在二战烽火中毁于一旦,被无情的大火吞噬。幸运的是,20世纪80年代,缅甸政府凭借着翔实的历史资料,对皇宫进行了精心修复,使之重焕昔日的辉煌,再次成为曼德勒乃至缅甸的骄傲与象征。

曼德勒大皇宫，从昔日的璀璨辉煌滑落，是个回首旅行的好地方。

曼德勒马哈莫尼佛塔

释迦牟尼佛涅槃前夕，应印度国王请求铸像并亲为开光。

佛祖圆寂后，信徒争抢此像。

一日，佛像神秘消失。

直至六百多年前，佛像再现于缅甸。

每日清晨四点,高僧会为佛祖清面理容,继而献上供品,仅限男性信徒排队朝拜,为佛祖贴金箔。寺院规定,除佛脸外,其余部位皆可贴金。

曼德勒碑林

　　曼德勒碑林佛塔，亦称石经院，以"世界上最大的石板书"著称于世。这座佛塔坐落于曼德勒山脚下，以其壮观的规模闻名天下。占地13英亩的塔院中心，矗立着一座高塔，周围被729块镌刻着完整三藏经文的缅甸大理石碑环绕，石碑长5英尺，宽3.5英尺，厚度为5英寸，每块石碑都建有塔亭。

在碑林白塔的明媚阳光下，手持鲜花的游人会在此定格美好瞬间，白塔为背景，花束添彩。

曼德勒柚木皇宫

　　一座以珍稀柚木雕琢而成的宏伟艺术杰作，其精致繁复的木雕工艺令人叹为观止，是每位访客曼德勒之旅的必访胜地。

　　当旅者驻足于金色宫殿僧院之门时，心中不免生疑：为何没有金光闪烁，唯余暗影憧憧？

　　昔时王朝之巅，宫殿金碧辉煌，而今虽没有往日震撼，但历史的厚重与文化，让这座建筑更显独特魅力。

　　在二战的烽火硝烟中，很庆幸柚木寺未遭破坏，它见证了时代的沧桑变迁，以它古老的身躯，向世人诉说那一段段不朽的文化历史。

曼德勒因瓦古城麦努水泥塔

因瓦古城,数次成为缅甸首都,自14至19世纪,天灾人祸轮番上演,1839年地震后衰落,因瓦古城退出了缅甸的政治舞台。

曼德勒千人佛学院

马哈伽纳扬佛僧院，坐落于曼德勒乌本桥畔，是缅甸规模最大的僧院，有近两千僧侣，因此也被称为"千人僧院"。在南传上座部佛教国度，僧人应严格遵循"过午不食"，每日仅两餐，一餐于清晨4点，一餐于上午10点。从午后到午夜，除喝水外，不能食用其他食物。

刚过十点,僧人们赤脚托钵,有序地从僧舍走出,接受布施。

成人礼

在曼德勒郊区，遇到了盛装游行的少年成人礼。这一仪式主要由男童和青年男子担当主角，他们身着古风服装，精心装扮。这是家庭最大的荣耀，他们租马匹、牛车及若干花车绕村镇游行，直至寺庙举行仪式、虔诚洗礼。庆祝活动会持续几天几夜，并搭建起佛堂和免费食肆。对缅族男子而言，这是生命中至高无上的传统仪式。

活动的盛大程度由家庭经济决定，因成本高，常有多家合办分担。有时，富商或高官会赞助贫民，助其完成重要传统礼仪。

曼德勒玉石交易市场

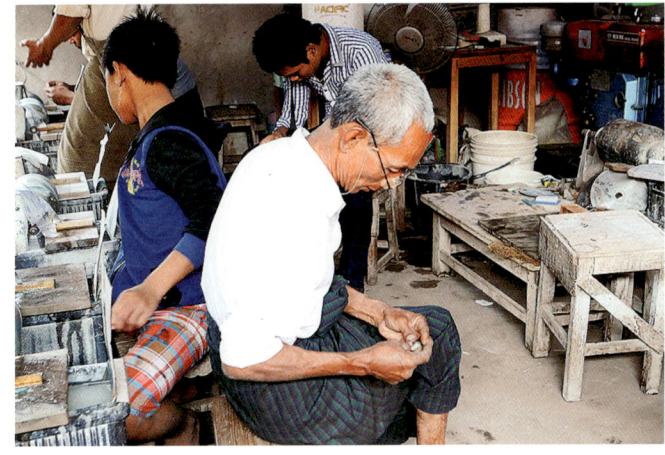

曼德勒是全球最重要的玉石市场，全世界有90%的玉产自缅甸。

在曼德勒有许多玉石加工厂，脚踏手磨的传统加工方式保留了玉石最质朴的韵味，赋予了它们独一无二的灵魂。

中部集散地
——实皆

实皆全景

　　曼德勒西南方向二十多公里处，便是实皆。

　　实皆不仅是棉花、芝麻等农产品的集散地，也是缅甸中部的重要交通枢纽。值得一提的是，横跨伊洛瓦底江的阿瓦桥，以其十六跨的雄伟身姿，连接着实皆与曼德勒，成为游客必游之地。

敏贡佛塔

  敏贡佛塔位于实皆省的敏贡镇，始建于1782年。敏贡佛塔是世界上最大的砖制建筑之一，据说在国王去世的时候，佛塔才完成了建筑的三分之一。其超凡宏伟的架构，着实令人咋舌，工程十分浩大，塔高160英尺，基座长312英尺。波多国王驾崩后，再也没有人继续修建敏贡佛塔，遗址入口处虽完成了两只高大威武的石狮子，却因1838年的大地震而损坏不堪，如今只保留下威武的身躯和粗壮的双腿夹着一条完整的尾巴。大地震不仅毁坏了狮子，还将佛塔摧毁，现在遗留的只剩下一座巨大的塔基。

148 / 醉美缅甸

附近的敏贡钟，吸引着世界各地的游客慕名而来，聆听那穿越时空的悠扬钟声。

敏贡大钟高约8米，最大直径约5米，周长为15.5米，据说当时将其运来的时候用了两艘大船，将其挂起来也是费尽心思和力气，可见其体积和重量都不同凡响。在大钟的前面还有一个专门记载大钟历史的碑文。1839年大地震的时候，敏贡大钟从悬挂的地方掉了下来，在1896年的时候又被重新挂起，当时有很多人不远千里来见证这一神圣的时刻。

实皆欣毕梅佛塔

敏贡的欣毕梅佛塔，外表为纯洁的白色，宛如一块巨大的奶油蛋糕，人们将其誉为"奶油蛋糕佛塔"，亦说"波浪佛塔"。巨大的圆形塔身周围，环绕着如同波浪一样的七层塔基和象征高山的五层小塔。

欣毕梅佛塔，始建于1816年，据说是孟既国王纪念塔的第一任王后欣毕梅公主所建。

在缅甸的古老占星术中，欣毕梅佛塔被赋予了非凡的意义，被视为世界的中心，吸引着四面八方的朝圣者与旅人。

敏贡佛塔旁的村寨

在敏贡佛塔旁，我们拍摄到一个保持着原始风貌的村寨。人们世代守护着这片土地，与佛塔共同呼吸。村民们的生活缓慢而有序，他们在这里耕作、织布、栖息、繁衍，时间静静流淌着。

实皆僧尼小学堂

　　在实皆，有大大小小600多座寺庙。受重男轻女观念的影响，缅甸会有很多女弃婴，她们会被收养到寺庙中。在僧尼学堂读书的小尼姑们年龄在12-18岁，每天仅食中午一餐，井然有序。虽然是被收养的孩子，但脸上却少见愁云。阳光斑驳的午后，你总能见到她们围坐一起，或低头阅读，或相视而笑，那份纯真与坚韧，如同山间清泉浸润着每一个过客的心灵。

容易错过的小镇——昔卜

末代傣王的府邸

昔卜，这座藏匿于时光缝隙中的小镇，以其闲适的氛围和有趣的历史吸引着众多旅人的脚步。小镇虽不张扬，却自有一番韵味，一条主街贯穿南北，两旁小巷交错，宛如一幅淡雅的水墨画，静静铺展在世人面前。沿街漫步，集市热闹祥和，邮局规整静谧，戏院怀旧气息浓厚，桌球室则洋溢着欢声笑语，共同编织成一幅"小资"的画卷。

容易错过的小镇——昔卜

　　在这个格外有情调的小镇上，矗立着一座具有深厚历史底蕴的府邸——末代傣王府邸。在府邸听听傣王后人讲述那些关于荣耀、梦想与传承的故事。夕阳西下，金色的余晖洒满整个庄园，更添几分庄重与神秘。

昔卜柚木寺庙

昔卜的柚木寺,低调、古朴而温馨。

悠然漫步其中,静静地感受独具韵味的小美好。

替代种植

原本种植罂粟的土地,逐渐发展替代产业。

透漂瓦底江

透漂瓦底江,宛如一条碧绿的绸带,轻轻缠绕在昔卜的怀抱中,波光粼粼,映照着两岸的翠绿与古朴。江水悠悠,仿佛在低语着千年的故事与传说。岸边,树枝轻拂水面,为这景致添了几分柔情。

　　沿着蜿蜒的透漂瓦底江深入山林,探访那些隐匿于世的寺庙与隐士修行之地时,仿佛与昔卜一同高飞远遁,又是一番别样的体验。

傍晚，对岸寺庙尼姑的诵经声传来，声音柔软而深邃，悠扬而文雅，似乎能穿透山洞的壁垒，与江水的潺潺声交织在一起，如同春风拂面，又似细雨润心，带着一种超脱俗世的空灵与庄严。

容易错过的小镇——昔卜 165

鲜少开放的若开邦

首府实兑

若开邦因战乱常年隐匿于世,鲜为外界所知,缅甸政府的限制令,更如同一道无形的屏障,将渴望探寻其神秘面纱的外国旅人拒之门外。那次到访若开邦,恰逢停战开放期,我们如探险般进入此地。

抵达首府实兑的机场,机场空旷小巧而原始,像可爱的玩具乐园,没有摆渡车,全靠人力运送行李。

　　一年一度的拉车节即将拉开帷幕，街头的少年挥舞着旗帜。车辆呼啸而过，若开少年坚毅彪悍的气质和精神面貌，跟以往拍摄到的缅族，明显是不同的。

女子们精心雕琢着自己的形象，聚在一起，笑语盈盈，在梳着传统发髻。

高耸的发髻如同艺术的杰作，搭配着特有的民族服饰，感受着缅甸多民族的文化氛围。

鲜少开放的若开邦

当夜幕低垂,
拉车节的序幕缓缓拉开,
人群如星辰般汇聚于此,
精心搭建的树枝与大火共舞。

无论是翩翩少男还是袅袅少女，都身着华美盛装，共享节日盛宴。

　　壮年的男子们，分成势均力敌的两队，如同拔河一般，紧握长绳，奋力拉扯中间的花车，脸上的汗珠在灯光下闪耀，肌肉在紧张的对抗中凸显，尽情怒喊、比拼。

若开邦格拉担江

寻一艘船，去格拉担江探一探。

晨曦初现,薄雾缭绕,金光洒在江面上,万物苏醒。
每一处景致,像是一首未完成的诗,等待着游人去解读。

若开邦妙乌古城

妙乌古城有"小蒲甘"之称，是缅甸第二有名的考古遗址。但与蒲甘不同，这里的寺庙有着碉堡式的厚墙，建筑多由石头而非砖块建成。

妙乌古城近海而建，坐落在低缓的丘陵之上，地理位置得天独厚，由西侧的那加丘陵与若开山脉自然划定，与缅甸中部遥相独立。13至15世纪初，此地孕育了四城王朝，标志着区域统一的曙光。妙乌古城公元1430年诞生于若开国王敏索蒙之手，历经354年风雨，承载着若开王朝的辉煌。这座古城巧妙地倚靠东西双流，展现其独特的地理优势，布局中心化，彰显王权，政教融合。

妙乌古城是隐匿的,也是质朴的、野性的。人迹罕至而风光旖旎,漫步于几乎被丛林吞噬的古塔间,感受其荒芜而原始的美。

夜幕再次降临,晚霞如火,日落的余晖铺开一片绚烂。

若开邦林谬江

踏入林缪江岸,仿佛步入一幅流动的山水画卷,这里的风光秀丽迷人,宛如大自然精心雕琢的宝石。

江畔人家的生活,与这清澈的江水、葱郁的山林相依相伴。

波光粼粼的江面上,一艘艘简陋却坚韧的小舟,静静地漂泊在碧绿的江水之畔,背靠着巍峨连绵的山脉。这里,有战争的阴霾,也有岁月静好。

如翡翠般晶莹剔透的湖面,令人心醉。

在林谬江畔,遇到正在娴熟驾驭竹排的当地百姓。

林谬江畔纹面族

纹面是钦族女子独特的民族标识,自七八岁起,她们的面庞便以刺青勾出藤蔓般繁复的纹样,这是钦族在乱世中保护自己的独特方式,如今这一习俗也随着政府的改革渐渐消失。

若开邦额不里渡假海滩

额不里沙滩，亚洲的海滨胜地。这里保有纯粹的自然风光，碧海蓝天，细沙如银。难得的是，人烟极少，是远离尘嚣，享受纯净海滩的绝佳选择。

缅北重镇
——腊戍

腊戍全景

回望腊戍,感慨万千。最近的腊戍战火纷飞,枪声已到达老朋友的家门口。很多华人被迫逃到其他城市,希望这里早日摆脱战火,恢复往昔的安宁与祥和。

腊戌，位于缅甸北部，是南马河上游的一座城市，距离曼德勒大约230公里。这里不仅华人和华侨众多，还因盛产茶叶、有色金属矿以及红玉而闻名。

作为缅北重要的货物集散地，腊戌连接着中国云南省和缅甸内地，是中国跟东南亚诸国交流的重要交通枢纽。从繁忙的边境贸易活动到抗日战争时期的物资转运，腊戌见证了无数的故事。

腊戌火车站

腊戌火车站,它不仅是这座城市的交通枢纽,更是物资交换的重要场所。

火车穿梭其间,运送着货物和旅客,见证着城市的变迁和发展。

腊戍化缘僧尼

天亮之后，僧尼就会到街道上来化缘。

她们穿着橙色粉色的僧袍，排列整齐，一路唱经，歌声干净、清甜而又悠扬。

人们会向僧尼布施食物和其他必需品，以此获得功德。不过据说在缅甸，给僧人的布施往往比给尼姑的好，比如米的质量和数量。尼姑们有时候收到的是生米，她们需要自己回去做饭。

腊戍集市

　　如果想感受一个地方的人间烟火气,集市是很好的选择。

　　市场的热闹场景是丰富的物产和多元文化的呈现。从新鲜的水果蔬菜农产品,到地道的小吃茶叶土特产,再到黄金玉石手工艺品,琳琅满目的商品让你近距离感受当地人的生活,体验腊戍风情。

缅北重镇——腊戌

腊戍观音寺

　　观音寺，据说由华人出资兴建。寺内香火旺盛，游客和信徒络绎不绝。

温泉

这处温泉位于市区以北约 20 公里处,是腊戌著名的旅游地之一。温泉大小不一,水温适宜,富含矿物质,对皮肤病和关节炎等疾病有一定的治疗作用。泡温泉之余,还可以享受按摩服务,品尝当地美食,彻底放松身心。

在首都，说再见

内比都全景

2005年11月6日,内比都成为缅甸的新首都。在此之前,它是前首都仰光和北方大城市曼德勒之间的一个山区贸易城镇,是缅甸的第三大城市。内比都坐落在勃固山脉与本弄山脉之间的河谷地带,群山环绕,雾霭飘摇。与大多数国家的首都相比,内比都少了些热闹繁华和现代化气息。

内比都玉石公盘

　　首都内比都的玉石公盘作为全球玉石交易领域的盛事，汇聚了缅甸乃至全球顶级的翡翠宝石，是业界公认的"玉石盛宴"。一年一度的公盘，来自世界各地的买家、卖家及玉石鉴定专家齐聚一堂，共同见证缅甸玉石的璀璨与魅力。通过公开竞标的方式，这些珍贵的玉石资源得以在全球范围内寻找到最合适的归宿。2016年的时候，领取一张进场牌大约需要45万元人民币押金。

内比都大金塔

内比都大金塔是仿造仰光的世界和平塔而成的,以规模宏大和装饰华丽著称。塔中部是空的,允许信徒进入内部礼佛。从仰光的大金塔,到内比都的大金塔,寄托着人们信仰和希望,连接着曾经的首都和现在的首都。

宽阔的街道

内比都的路,是我见过最宽阔、最不可能堵车的城市道路。

好一个地广人稀的首都。

回望缅人

在缅甸，我看到了世界上最纯净、质朴的面容。
这座连佛祖都微笑的国度，
会让你反思所谓贫穷和富庶的界定，
做该做的事，拿该拿的东西。
他们是克制的、恬淡的、谦和的，
面对困难，不骄不躁，泰然处之，
透露出灵魂深处的坚守。
这世界的纷扰与他们无关，
喧嚣被温柔的风带走了，只留下宁静。

迷路时，陌生人真切的友好会让你忘却陌生。
他们热情地为你指路，
在商店，诚挚的善意和周到服务是日常，
时不时鞠躬问好，温和简单。
放掉"是否有利可图"的戒备心，
旅途会充满期待和力量。

头顶货物，穿行于蜿蜒的街头巷尾。

无论多重，在他们的身躯上屹立不倒。

后记：结缘十载，再回首

《醉美缅甸》即将出版时，很多人问到我们因何与缅甸结缘。

硕士期间，我被教育部中外语言交流合作中心（原国家汉办/孔子学院总部）选派到缅甸曼德勒福庆孔子课堂担任汉语志愿者，在东枝东华学校进行了为期一年的汉语教学工作，和几个小伙伴度过了一段朴实、简单、快乐的时光。夏寅舒老师在大概同一时间，与她的恩师殷晓俊前往缅甸进行拍摄。读博后，我又再次深入缅甸腹地，进行田野调查。正当所有人认为这个国家朝着和平、民主、开放的步伐迈进时，它却被战火风云再次席卷。在缅甸金凤凰中文报社石雨总编辑的牵线搭桥下，我与夏姐姐因缅甸经历一见如故、相谈甚欢，遂准备以墨为舟，以图为烛，于纸页间照见时光褶皱里未曾褪色的经纬，以笔锋蘸取伊洛瓦底江的烟云暮色，逆溯缅甸美好岁月，共叙缅甸难忘之缘。

"胞波"情谊，山水相依。从云南瑞丽蜿蜒流淌出去的伊洛瓦底江碧绿而深邃，是大自然赋予缅甸最独特的底色。这个美丽、富饶、宁静的佛国曾经是"亚洲一哥"，新加坡"国父"李光耀也曾在 20 世纪 60 年代说过要用 20 年时间超越缅甸，可见其辉煌之过去。闪耀的宝石、碧绿的翡翠、宽广的海洋、巍峨的青山……是大自然给予缅甸的宝贵礼物。在仰光，随处可见殖民时期的建筑会让你随时感受到"穿越"，高楼大厦被郁郁葱葱的植被覆盖，漫步街头，和平鸽飞过头顶，阳光透过树叶洒在肩上，疲惫的身体瞬间就被激活，走在街头从英式建筑穿越到缅式建筑，每一次的回眸都是别样的体验。蒲甘，我觉得是此生必去之地。在蒲甘的每一刻，都好像置身在仙境般的佛国世界，每一天都如同梦境一般。坐着热气球和太阳一同升起，骑上摩托车，沙尘扬起，追逐日落，那是一种静谧宁和的瞬间，就像有魔法一样将烦恼打得烟消云散，只留下自由。租一条小船，悠然自得地在茵莱湖上漂荡，以水为路，以船代步，不论是孩子还是僧侣出行都需借助水上轻舟。在这居住的茵达人，划着木船，与我们擦肩而过，脸上挂着腼腆而淳朴的笑容。他们依水而居，仅凭单足立于木船上捕鱼的技艺，就吸引了众多游客，《孤独星球·缅甸》也选取此场景照版作为封面。茵达人勤劳朴实，从古至今都生活在这里，他们用自己的双手和智慧开拓了自己的家园，也开拓了世界对他们的认识。

  最令我触动的，还是缅甸人民的平和与淳朴。缅族男子一生至少要出家一次，人们经常在街边布施，不论贫穷还是富贵，都会把最好的东西奉献给佛。人们欢聚在菩提树下，穿着"隆基"和人字拖，脸上擦着"特纳卡"，从容美好。这个一度仿佛被时光遗忘的土地，人们慢吞吞地过着属于自己的日子。生命流转、因果轮回，"焦虑"与他们无关。他们总是带着温暖的微笑，每一次的目光交汇擦出善意的火花，谦和地对你说声"Mingalabar！"（你好！）踏入一个个烟火气十足的菜市场，时不时听到老少摊贩叫卖吆喝，与他们进行几次简单蹩脚的缅语交流，便宜的鱼、菜和水果收入篮中，基本可以实现木瓜、芒果、火龙果等热带水果自由。虽然商贩阿姨看得出我们并非当地人，却极少哄抬物价，缺斤少两，总是带着温和的笑容，临走时再多一些赠送。在超市购物时，售货员热情耐心地帮忙挑选物品，拎篮子，抬货品。刚开始，我总是以怀疑的眼光去揣测他们是否另有"期待"，几次接触后，发现还是自己格局小了。踏入那古朴隐秘的村落，淳朴的村民，以拌茶叶、炸鱼、奶茶招待，静候我们拍摄归来，村落的孩子极有礼貌，即使未受过学校教育，仍然谦逊且克制，对礼物不多拿、不贪婪。在拍摄行程中，导游和司机无微不至地像小太阳一样温暖着我们，自晨曦初露至暮色四合，无怨无悔地查信息、搬行李、做向导，扛沉重的设备，尽心尽力。这样的异国经历，教会我用宽广的视角去探索未知的世界，以包容的心态来理解不同的文化。这场别样旅程，不仅是一场地理上的跨越，更是一场心灵的洗礼。

在调研和拍摄期间，我们定格了上百万个美好瞬间，每一次按下快门都是心动和惊奇，照片镌刻着独特的韵味和背后的故事，而后忍痛割爱精挑细选。感谢中国驻缅甸相关机构对调研的多方支持，感谢所有华人的热心关怀，感谢缅甸旅途中结识的好友。感谢母校和导师的培养，冥冥之中注定了一个中原女子与云南、与缅甸的不解之缘，也感谢现在的东家——师大管理学院提供广阔的平台，让我有机会从事热爱的工作。本书作者夏寅舒与其恩师殷晓俊受缅甸金固投资公司董事长杨钏玉先生委托，两次赴缅甸进行全景拍摄。遗憾的是，殷晓俊老师于 2023 年 9 月 1 日因病过世，但他为世人留下了很多珍贵影像资料，也以此书尽缅怀之意。希望随着这本书的出版使更多人了解美丽的缅甸。历史从未真正地隐退，只需你我轻踏脚步，于行走中唤醒那些沉睡的往昔，用心灵与时光深情对话，在旅途中寻找并感受那一个个有温度的故事。今天的缅甸虽战火纷飞，但我不曾忘记这里的美好足迹，愿这片饱经风霜的土地早日驱散阴霾，重现往日荣光！